AF395256

LA VIGNE

dans le département de l'Orne

et particulièrement dans le Perche

AU MOYEN-AGE

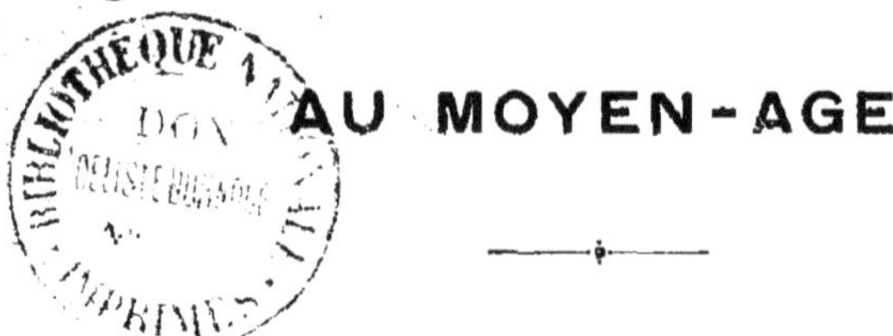

LECTURE faite à Rémalard à la

Séance annuelle de la Société

Historique et Archéologique de l'Orne

par M. Louis Duval

Archiviste de l'Orne
Correspondant du Ministère de l'Instruction Publique
et des Beaux-Arts.

ALENÇON

Typographie et Lithographie Alb. MANIER

3, Place d'Armes, 3

1900

À Monsieur Léopold Delisle
respetueux hommage de
son très modeste disciple
Louis Duval

LA VIGNE

dans le département de l'Orne

et particulièrement dans le Perche

AU MOYEN-AGE

LECTURE faite à Rémalard à la

Séance annuelle de la Société

Historique et Archéologique de l'Orne

par M. Louis Duval

Archiviste de l'Orne
Correspondant du Ministère de l'Instruction Publique
et des Beaux-Arts.

ALENÇON

Typographie et Lithographie Alb. MANIER
5, Place d'Armes, 5

1900

Extrait du *Bulletin de la Société Historique et Archéologique de l'Orne*

LES VIGNES DU PERCHE

L'abandon progressif de la culture de la vigne, dans la région du nord-ouest, est un fait bien connu. Les causes en sont diverses et tiennent principalement aux changements qui se sont produits, depuis un siècle et demi, environ, dans les conditions économiques de la production agricole.

Le département d'Eure-et-Loir, par exemple, qui avait encore environ 6.000 hectares de vignes en 1816 (1) n'en possède plus aujourd'hui que 1.299 (2). M. le docteur Jules Guyot, dans son *Etude des vignobles de France*, constate cependant que cette culture donne encore le double des autres, dans les arrondissements de Dreux, de Chartres et de Châteaudun (3). Dans le département de l'Eure, l'abandon est aujourd'hui presque complet. Malgré la vieille réputation des vins de Vernon, on n'y compte plus que 292 hectares de vignes, alors qu'en 1816 il en restait encore 1.800 (4).

Même dans la Sarthe, où le climat et le sol favorisent cette culture, jadis si productive, elle est depuis longtemps en pleine décroissance. M. Jules Guyot nous apprend qu'en 1866 les propriétaires, notamment aux environs du Mans, continuaient à déraciner les cépages qui couvraient encore 10.000 hectares pour en débarrasser leurs champs (5).

Il faut croire toutefois que ce mouvement fatal s'est ralenti, sous l'action des sociétés d'agriculture et d'horticulture de la Sarthe (6)

(1) Docteur Jules Guyot, *Etude des vignobles de France*, t. III, p. 515.

(2) Alfred Picard, *Exposition universelle de 1889. Rapport du jury international*, groupe VIII, p. 643.

(3) Jules Guyot (Ibid).

(4) Ibid, p. 537.

(5) Ibid, p. 545.

(6) Voir notamment dans le *Bulletin de la Société d'horticulture de la Sarthe*, 1862, les articles intitulés Multiplication de la vigne (p. 139). Méthode hollandaise pour forcer la vigne (p. 174).

puisqu'en 1889 ce département possédait encore 9.431 hectares de vignes (1).

I

Que les viticulteurs du centre et du midi aient pris en pitié nos vins de Suresnes, d'Argences ou d'Airan, jadis très renommés, nous le comprenons, d'ailleurs, sans peine. Nous en trouvons la preuve dans une épître adressée par Baudry, abbé de Bourgueil, un des beaux esprits du XIIe siècle, à un clerc de Lisieux, nommé Guillaume. Ce dernier ayant eu occasion de passer quelques jours à Bourgueil, y avait vécu dans l'intimité de Baudry, qui s'était plu à l'interroger sur les mœurs et coutumes de son pays. Quelque temps après, cet abbé Baudry lui adresa l'épître suivante :

Ad Guillelmum Lisonensem.

« Si vous me demandez dans quelle saison Lisieux fait sa vendange, j'ai à vous répondre que Lisieux n'a rien à vendanger. Si vous en cherchez la cause, c'est que ce territoire est en dehors de l'empire de Bacchus : *Non est Bacchica tellus.* La vigne y est inconnue, et ses sarments ne peuvent s'y développer.

« Moi, enfant de l'Anjou, je connaissais bien les Angevins, les Chartrains, les Tourangeaux, les Poitevins, les Orléanais, les Bretons, les Limousins, les Saintongeais, les Berrichons, les Auvergnats, les Parisiens et les Bordelais. Quand à la Normandie, je ne la connaissais que de nom, jusqu'au jour où elle m'envoya Guillaume.

« C'est de lui que j'ai appris qu'à Lisieux on ne connaît point le vin et que la boisson des habitants consiste en une liqueur fermentée obtenue au moyen d'infusions d'avoine, qui donnent un breuvage dont on remplit les coupes. C'est donc aux chaumes et non aux treilles que les Normands doivent leur boisson.

« Ainsi parla Guillaume; puis il me fit ses adieux et se retira. Au moment de son départ, je lui dis: Cher Guillaume, que chaque année te ramène vers nous. Tu boiras avec nous ces vins dont nous sommes si riches. S'il nous en reste de supérieurs je

(1) Alfred Picard (Ibid).

te les destinerai, en te priant de te donner toi-même à moi, car tes paroles sont pour moi une source de joie. »

A Bourgueil, nous devons le dire, le régime des hôtes ne devait avoir rien de vigoureux. L'abstinence de la viande le samedi n'y était même pas de règle pour les moines. L'abbé allait jusqu'à prétendre que cette observance sentait la superstition et le judaïsme et que les chrétiens n'y étaient pas tenus (1).

> Sabbata custodis, tanquam Judaeus Apella (2),
> Cum tamen alterius legister tenias.

Dans ce milieu si différent de celui dans lequel il avait jusqu'alors vécu, Guillaume de Lisieux a pu, dans son enthousiasme pour les vins et pour les mœurs et coutumes de l'Anjou, représenter notre contrée sous des couleurs plus sombres qu'elle ne le méritait. Tout nous porte à croire que les renseignements qu'il fournit à l'abbé de Bourgueil renferment quelqu'exagération (3), et nous ne doutons, que plus tard, lorsque Baudry eut mieux connu notre pays, il eût réformé sont jugement.

Nous savons, en effet, que lorsqu'il eut été assis sur le siège épiscopal de Dol, en 1107, il résida souvent à Saint-Samson-sur-Rille, qu'il visita les monastères de la Normandie alors très florissants, et qu'il eut pour ami Raoul d'Escures, abbé de Saint-Martin de Sées.

Dans une de ses poésies, Baudry remercie cet abbé du présent qu'il lui avait fait d'un étui pour renfermer ses tablettes, enduites de cire de couleur verte, comme plus agréable à la vue, sur lesquelles il écrivait ses vers à mesure qu'il les composait, avant de

---

(1) *Histoire littéraire de la France*, t. XI, p. 97.

(2) Apella, surnom d'un juif dont parle Horace (livre 1, Satyre 5, vers 95). — C'est par erreur que les auteurs de l'*Histoire littéraire de la France* ont écrit *appella*, comme s'il s'agissait du verbe *Appellare*. Cette faute a été reproduite dans la nouvelle édition.

(3) Cette épître se trouve à la suite d'un poème sur la conquête de l'Angleterre. La copie en a été recueillie par Duchesne et se trouve dans le tome XLIX de la collection qui porte son nom, à la Bibliothèque nationale.

On doit la publication de ce texte à M. Léopold Delisle, dans ces admirables *Études sur la condition de la classe agricole et l'état de l'agriculture en Normandie au moyen âge*, p. 479 et 480. Un chapitre est consacré dans cet ouvrage étendu à la culture des vignes (p. 469 et 470).

Une bonne partie de nos citations est tirée de cette source.

les livrer aux copistes, afin d'en former des volumes (1). Orderic Vital, le moine chroniqueur de Saint-Evroul, assure qu'il le connaissait parfaitement, il parle de lui avec éloges et il le loue même d'avoir travaillé à rétablir la discipline régulière dans le monastère de Bourgueil (2).

Mais nous avons d'autres raisons de nous inscrire en faux contre les sarcasmes de ce poëte, évidemment mal informé. Grégoire de Tours, en effet, nous apprend que le deuxième évêque de Lisieux, Ætherius, qui vivait au vıᵉ siècle, donna à cette époque un petit vignoble à un clerc originaire du Mans, auquel il avait des obligations (3). Il faut en conclure que dès l'époque mérovingienne, la vigne n'était pas inconnue dans notre pays.

Sans rien préjuger de la qualité des vins qu'on en pouvait tirer, nous devons faire remarquer que, dès le temps de l'introduction du christianisme dans nos contrées, les premiers missionnaires durent planter quelques vignes, pour n'être pas privés de la matière du divin sacrifice. Les vies des saints mérovingiens nous apprennent que les disciples de saint Benoit et de saint Colomban firent de même. Il est dit dans la vie de saint Carilef ou Calais, qu'il découvrit, dans la forêt du Perche une petite vigne qu'il cultiva avec succès (4). On peut même conclure de ce récit que les premiers essais d'acclimatation de la vigne dans notre pays remontent certainement beaucoup plus haut. Il est permis enfin de voir dans la petite vigne trouvée par saint Calais, le dernier vestige d'un modeste vignoble, planté par

(1) *Histoire littéraire de France*, p. 103-104.

(2) Orderic Vital, Livre IX, ch. 18, année 1129 (t. III, p. 623-624) de l'ép. déf. Le Prévost.

(3) Grégoire de Tours, *Historia Francorum*, t. II, p. 476.

(4) « Parva vitis hic inventa atque excaltat » (*Vitas Carilifi*), c. 16.

« D'autres plantaient la vigne dans une exposition favorable et l'unissaient à l'acclimatation dans des contrées septentrionales de la Gaule qui se sont appelées plus tard la Bretagne, la Normandie, la Picardie où l'on a vainement essayé de la conserver » (Comte de MONTALEMBERT, les *Moines d'Occident*, t. II, p. 450).

On sait que dès le temps de Jules César, les vins de la Gaule étaient estimés en Italie. Domitien, prétendant que la culture du blé était plus profitable à ce pays, donna l'ordre tyranique de faire arracher toutes les vignes; mais deux cents ans plus tard l'empereur Probus en fit replanter de nouvelles, et l'empereur Julien, a parlé avec éloges des vins des environs de Paris.

quelque légionnaire romain, gratifié par l'empereur d'une concession de terre dans notre pays et dont la villa dût être abandonnée et ruinée à l'époque des invasions.

II

Le fait de l'existence de vignobles, antérieurs aux grands établissements monastiques qui ont contribué, dans une si large part, aux progrès de l'agriculture dans notre pays, se trouve confirmé par un grand nombre d'autres monuments.

Vers l'année 1050, par exemple, nous voyons Hugues de Rocé (*de Roceto*) donner à la basilique de Saint-Santin et de Saint-Léonard qu'il avait construite dans son château de Bellême, deux arpents de vigne au hameau de Rocé, sur le territoire actuel du Gué-de-la-Chaine. On voit par là que dès le milieu du XI° siècle, certains seigneurs laïques possédaient de petits vignobles, aussi bien que les moines. L'exemple d'Hugues de Rocé fut d'ailleurs suivi par plusieurs de ses vassaux. Beraud, l'un deux, donna à la même église un arpent de vigne, moins un quartier, Beraud Maintorne arrière vassal, un arpent entier et Ingelbard de Courtioux, un arpent dans le Clos de Crepon, sur le territoire de Saint-Martin du Vieux-Bellême (1).

Parmi les donations faites à la sacristie de Saint-Léonard, par Yves de Bellême et par Godechilde, sa femme, figurent, avec la terre joignant le vieux château de Bellême donnée par Avesgaud, évêque du Mans (995-1035), du temps du roi Robert, un plant de vigne joûtant les murs du même château. Cette charte contient également la confirmation d'une donation antérieure, d'un verger et de vignes situés près le bourg de Bellême (2).

La réputation de ces vignobles ne s'arrêta pas avec le règne de Guillaume-le-Conquérant. En 1231, par exemple, on trouve une charte de J. de Lonré, contenant donation d'une vigne à Bellême (3).

En 1269, Guillaume Achard, vend à Guillaume Chalopin

---

(1) *Inventaire sommaire des Archives de l'Orne*, t. II, p. 55-66 (H. 2.205).

(2) Ibid, p. 49 (H. 2.150).

(3) Cité par Léopold Delisle. *Etude sur l'Agriculture normande*, p. 434

une portion de rente assise sur une vigne de la vallée de Bellême.

Les mentions de vignes à Saint-Martin du Vieux-Bellême, reviennent à chaque instant : en 1281, en 1296, en 1315, en 1391, et dans de nombreux baux à ferme. Le dernier de la série est celui qui fut consenti, pour huit années, par les religieux du prieuré, en 1743, et dans lequel figure une pièce de terre, sise près de Haute-Loge.

L'importance de cette culture est attestée par les redevances et par les services auxquels étaient tenus les vassaux du prieuré de Saint-Martin et aussi par les procès qui en résultaient fréquemment. En 1300, par exemple, on trouve un accord entre Jean de Dancé et le prieur du Vieux-Bellême, au sujet du pressurage des vins et des droits de pressoir. En 1316, on voit le prévôt fieffé du prieuré réclamer avec force injures, une miche blanche, quatre bises et un boisseau de pois chaque fois qu'il allait en vendange. Un procès verbal de prise de possession par les religieux, en 1406, d'un clos de vigne, sis à Saint-Martin du Vieux-Bellême fait mention du service de onze vendangeurs.

Un accord conclu en 1505, nous apprend que les habitants de la Perrée, près Crapon étaient obligés à offrir aux religieux, pour droit de coutume, une pipe de vin de Vaunoise, et l'on voit par un autre acte de 1515, que les religieux percevaient la dime des vignes de Saint-Martin et de Vaunoise (1)

Ce dernier cru a joui d'une réputation dont le souvenir n'est pas éteint. Au xiie siècle Rotrou IV, comte du Perche, donna à l'abbaye de la Trappe, le clos de vigne qu'il possédait à Vaunoise. En 1210, eût lieu un procès au sujet de la Vigne-le-Comte et la Vigne-Garboud, propriétés de l'abbé de la Trappe. Le prieur du Vieux-Bellême réclamait la dime de ces deux clos, comme situés sur une paroisse dépendant de son prieuré. L'intervention de Robert II, archevêque de Rouen, mit fin au procès.

Par un accord conclu devant lui, à Bellême, il fut convenu que l'abbé payrait au prieur, tous les ans, deux sommes de vin du

---

(1) Les citations ci-dessus sont extraites du compte rendu par M. Gustave Le Vavasseur, de la publication de l'*Inventaire sommaire des Archives de l'Orne* (*Bulletin de la Société historique de l'Orne*, t. XV, p. 377 et suiv.).

cru sus-dit ou de toute autre vigne, pour droit de dîme. Mais plus tard le produit de ces vignobles ayant sans doute diminué, la redevance fut réduite à une pipe de 20 blanc ou à une somme de 4 livres, au choix de l'abbé, suivant transaction en date du 17 août 1524 (1)

On cite également une autre transaction entre le prieur du Vieux-Bellême et l'abbé de la Trappe, intervenu en 1238, au sujet des dîmes d'une vigne appartenant à l'abbé, sans indication précise du lieu où cette vigne était située (2).

Une autre charte de l'année 1298, nous donne l'indication des services auxquels étaient tenus les vignerons de Vaunoise envers le prieur du Vieux-Bellême. On peut d'ailleurs puiser des renseignements sur cette culture dans divers actes de vente, que contient l'Inventaire du Vieux-Bellême, pour Vaunoise depuis le milieu du XIIIe siècle.

Pour nous résumer, nous pouvons dire que l'excellence du crû de Vaunoise est attestée par ce fait qu'on y trouve à la fois, comme propriétaires au XIIIe siècle, l'abbé de la Trappe, les prieurs du Vieux-Bellême, de Chartrage et du Val-Dieu et le curé de Colonard qui, en 1296, y avait aussi un petit clos de vigne, sans compter, parmi les laïques, le comte du Perche, qui comme on l'a vu en avait cédé sa part aux religieux de la Trappe.

Le vin de Vaunoise était, en effet, de préférence, réservé pour le saint sacrifice. Témoin, le testament de Robert Durand, vicaire du Pin-la-Garenne qui, en 1516, lègue à son église une rente de 7 sols et demi, pour le pain et le vin de Pâques et deux planches de vignes à Vaunoise, pour servir à la fourniture de vin de messe (3).

Ces vignes d'ailleurs, ont subsisté jusqu'à la fin du règne de Louis XV. Nous constatons même avec satisfaction que les vins de Vaunoise, Vauvineux, Montodevain et les Chauvinières étaient traités en privilégiés par les tarifs. Celui de 1747, pour Bellême, accordait une réduction notable sur les droits d'entrée.

Tandis que la pipe de vins étrangers (de 240 pots) avait à

<hr>

(1) *Cartulaire de l'abbaye de Notre-Dame de la Trappe*, p. 312-313.
(2) Ibid, p. 311.
(3) Gustave Le Vavasseur, Ibid.

acquitter un droit de 33 sols 6 d., la pipe de même contenance de vin de Vaunoise et de vin récolté dans le pays ne payait que 20 sols (1).

Il faut ajouter toutefois que si le vin de Vaunoise était traité en privilégié, c'était plutôt par grâce qu'à titre d'encouragement. En 1724, lorsqu'il s'agit d'établir de nouveaux droits d'octroi l'intendant d'Alençon demanda bien qu'on ne fît pas payer à ce vin un droit plus élevé que celui du cidre. Mais voici comment dans sa lettre à M. de la Houssaye, en date du 24 mai 1724, il motivait cette réduction du tarif des vins ordinaires applicables à Bellême :

« Le vin de Vaunoise est d'une qualité qui n'excède jamais le prix du cidre. Cette sorte de vin se recueille dans le pays et sert à la boisson des pauvres gens, à la place du cidre, qui y est assez rare (2). »

Delestang, sous-préfet et érudit, dans sa *Chorographie de la sous-préfecture de Mortagne*, publiée, en l'an XI a dressé officiellement l'acte de décès de ce vignoble. « Il existait encore dit-il, il y a une trentaine d'années, des vignes à Vaunoise et aux environs ; elles ont totalement péri et n'ont pas été remplacées. »

III

Les autres localités des environs de Bellême dans lesquelles existent des traces de la culture de la vigne, sont très nombreuses. Nous allons énumérer les principales, en nous bornant au département de l'Orne. Si nous épuisions la série des indications que fournissent les cartulaires du Perche, nous arriverions à une nomenclature beaucoup plus étendue.

ORIGNY-LE-BUTIN. Vers la fin du XIIe siècle ou au commencement du XIIIe, Guillaume des Illiers avait cédé à l'abbaye de la Trappe, la vigne qu'il possédait à Origny-le-Butin. Cette vigne ou une autre, située dans la même paroisse, fut l'occasion, en 1255, d'un accord entre Payen de Sourches, seigneur de Clin-

(1) P. Fournier « Coup d'œil retrospectif. Les droits d'octroi en 1747 ». *Le Bonhomme percheron*, juillet 1890.

(2) *Archives de l'Orne*, c. 1093, f° 75.

champ, au sujet du droit de justice qu'il prétendait y exercer, ainsi que sur un hébergement pourvu d'un pressoir, à l'usage de ladite vigne.

Nous trouvons encore sur le même territoire, la concession faite, en 1231, par Thibault Renois, à la même abbaye de trois sommes de vin, à prendre au moment de la vendange sur la meilleure qualité du cru de la Troigne. En 1235, vente par le même d'une rente assise sur le produit de deux vignes, l'une sise au Val de Genest, l'autre précédemment acquise par le vendeur, de Guillaume Le Bovier. Le 15 août 1260, l'Ane vendit au même abbé, pour 20 sols t., une pièce de terre et de vigne, sise en la paroisse d'Origny-le-Butin, joûtant d'un côté un autre quartier de vigne possédé par les religieux (1). Vente d'un plan de vigne, en 1300. Enfin, reconnaissance. en 1625, par les moines de la Trappe, rendue au prieur du Vieux-Bellême, pour les vignes dépendant de leur métairie d'Origny-le-Butin (2).

Il existe encore dans cette commune deux hameaux appelés les *Vignes* et un autre appelé la *Vigne d'Origny.*

ORIGNY-LE-ROUX. En 1291, vente par Robert André à Robert Roignon d'une rente de 100 sols t. assise sur une vigne appelée le Clos de Lousaut, au fief de Chancenai. En 1551, sentence de Jacques Courtin, lieutenant particulier du vicomte du Perche, qui condamne Louis Chalambert, curé d'Origny-le-Roux, à payer à François Radoueil, sieur de la Rouzière, une rente assise sur une pièce de vigne, sise en cette paroisse, baillée en fieffe à ses prédécesseurs, par acte du 31 décembre 1381.

L'existence de ces vignes est, d'ailleurs, attestée par le nom de *Vigne-Pelée*, donné à un des hameaux de cette commune.

GUÉ-DE-LA-CHAINE (Le). Nous avons mentionner plus haut la vigne de Rocé. Nous devons ajouter que, sur le territoire de cette commune récemment créée, mais sur les confins d'Origny-le-Butin, se trouve la *Vigne-des-Ronces.*

(1) *Cartulaire de l'abbaye. de Notre-Dame de la Trappe*, p. 297, 314, 305, 308, 310.

(2) Inventaire sommaire, t. II, p. 117 (H. 2533). — G. Le Vavasseur. **Ibid.**

Chapelle-Souef (La). Nous ne connaissons d'autre trace de vignobles à la Chapelle-Souëf, que le nom de la Vigne, que porte un de ses hameaux.

Chemilly. Le nom de Vigne-des-Roses, ou plutôt *Vigne-des-Ronces*, est un indice semblable à celui que nous avons trouvé au Gué-de-la-Chaîne.

Igé. Possède la *Vigne-de-Rougeuil* et les *Vignes*.

Saint-Fulgent-des-Ormes a aussi sa *Vigne*.

Aux environs de Mortagne, se rencontrent également de nombreux vestiges d'anciennes vignes.

Vers 1080 Geoffroy Bastard, noble chevalier, donna à l'abbaye de *Saint-Denis de Nogent-le-Rotrou*, la moitié de la dîme de Saint-Germain-de-Loisé, ainsi que la moitié de la dîme du pain, du vin et autres revenus (1)

A Mortagne. *La Croix-des-Vignes.*

Corbon-le-Vieux *La Vigne.*

Feings. Bail à ferme par les Chartreux du Val-Dieu, en 1775, du lieu de la Vigne (2).

Réveillon (id.).

Saint-Langis (id.).

Saint-Mard-de-Reno. *Les Vignes.*

Dans le canton de Pervenchères, nous trouvons encore quatre communes où ont dû exister des plants de vignes :

Barville. *La Vigne.*

(1) *Cartulaire de Saint-Denis de Nogent-le-Rotrou*, p. 72. Ch. XXI.
(2) *Inventaire des Archives de l'Orne*, t. II. p. 149 (H. 2715).

Pᴇʀʀɪèʀᴇ (La). *Les Vignes.*

Pᴇʀᴠᴇɴᴄʜèʀᴇs. En 1257, Eudes Quarrel, seigneur de Vau-vineux donne à l'abbaye de la Trappe une rente de 10 sols t. sur ses cens de Vauvineux de *Valle-Vinosa* (1). M. L. Fournier nous signale en effet à la Chauvinière, commune de Perven-ᴄhères, un cru célèbre dans le Perche, jusqu'au xvɪɪɪᵉ siècle.

Sᴜʀé. La *Vigne-des-Haies* et peut-être le Mont-Friloux. En 1531, dans le lot d'Etiennette Bry, sœur de François Bry de la Clergerie, se trouve figurer la métairie de Bonnes, composée de terres, vignes et prés (2).

Le canton du Theil renferme trois communes où l'on peut trouver trace d'anciens vignobles :

Cᴇᴛᴏɴ. *Les Vignes.* Nom de deux hameaux différents.

Géᴍᴀɢᴇs. Le *Clos-des-Vignes.*

Sᴀɪɴᴛ-Gᴇʀᴍᴀɪɴ-ᴅᴇ-ʟᴀ-Cᴏᴜᴅʀᴇ. La *Petite-Vigne.*

Mêmes constatations dans le canton de Bazoches-sur-Hoëne.

Lᴀ Mᴇsɴɪèʀᴇ. Le *Clos-de-la-Vigne.*

Sᴀɪɴᴛ-Gᴇʀᴍᴀɪɴ-ᴅᴇ-Mᴀʀᴛɪɢɴʏ. *La Vigne.*

Il n'est pas, jusqu'à Tourouvre qui n'ait son hameau de la *Vigne.* Il ne faut pas oublier que sur le territoire de cette com-mune se trouve les vestiges de la villa romaine de Mézières.
Rémalard ne tient pas un rang inférieur à ceux des autres cantons du Perche. A Coulonges-les-Sablons et à Dorceau nous trouvons deux hameaux de la Vigne.
Le territoire même de Rémalard paraît avoir renfermé plu-sieurs vignes, comme nous l'apprenons par une note que nous a

(1) *Cartulaire de la Trappe.* p. 29.
(2) *Inventaire des Archives de l'Orne.* Série H. T. II, p. 81 (H. 2.278).

obligeamment communiquée M. Louyel, chef du pensionnat de Rémalard, membre du Conseil départemental de l'enseignement primaire.

Il résulte de cette note que le prieuré de Rémalard possédait une vigne, à cause de laquelle le prieur était tenu à certaines redevances en vin. On trouve même encore aujourd'hui d'anciens pieds de vignes dans les champs voisins du prieuré. .

IV

La Sarthe qui, après avoir pris naissance au pied des forêts de Moulins et de Bons-Moulins, dans le Perche, arrose l'arrondissement d'Alençon, y forme, avec ses affluents, des vallées peu profondes, mais fertiles, dont les bords ont pu jadis se couvrir de pampres dorés.

Nous avons signalé tout à l'heure ceux de Barville, près le Mesle-sur-Sarthe. Dans le canton de Courtomer, limitrophe de celui de Moulins-la-Marche, nous trouvons la *Vigne*, au Plantis (1) et à Tellières-le-Plessis, les *Vignes*, à Ferrière-la-Verrerie, et les *Vignettes*, au Chalange et à Montchevrel.

Nous trouvons encore la vigne à la Bretèche, commune de Bursard, dans une charte de 1220, contenant donation à Saint-Denis de Nogent-le-Rotrou, de la moitié de la dîme une vigne et un verger, sis au dit lieu (2).

Aux portes d'Alençon, à Ancinnes (Sarthe), la vigne donnait lieu, au commencement du xiiie siècle, à des actes qui attestent l'importance qu'on attachait à ce genre de propriété. En 1225, Robert de Monceau, chevalier, et Guillaume, son fils confirmèrent à l'abbaye de la Trappe, la possession sous réserve de leurs propres droits, d'une vigne sise à Ancinnes, au hameau du Coudray, que les religieux tenaient des libéralités de Philippe du Coudray (3).

En 1224, nous constatons également l'existence d'une vigne au lieu du Boullay, mentionnée dans la charte, par lequelle

(1) En 1227, Roger de la Vigne, vendit à l'abbaye de Perseigne, une pièce de pré en la paroisse du Plantis, Gabriel Fleury. *Cartulaire de l'abbaye de Perseigne*, p. 129.

(2) *Cartulaire de Saint-Denis de Nogent-le-Rotrou*, p. 192. Charte XCVI.

(3) *Cartulaire de la Trappe*, p. 335.

Thomas, curé de Forges, donne à l'abbaye de Perseigne un journal de terre, sis au Boullay, près de la vigne de Renault, son neveu (1).

Nous trouvons à Neufchâtel-en-Saonnois, à 12 kilomètres d'Alençon, une vigne qui fut donnée à la même abbaye, par Guillaume, comte de Ponthieu en 1145 (2).

L'existence d'anciennes vignes à Saint-Germain-du-Corbéis, sur la rive gauche de la Sarthe nous est révélée par un acte de vente de 1753, dans lequel il est fait mention du *Champ de la Vigne* (3).

A Colombiers, près d'Alençon, nous connaissons la terre des *Vignes* où le vénérable historien d'Alençon, Odolant-Desnos, aimait à chercher l'ombre et la fraîcheur au bord de la Briante. Or en 1262 nous voyons Guillaume de Combiers ou Coulombiers, vendre aux moines de Perseigne, une rente de 3 sous tournois sur un tennement qu'il possédait à Colombiers, pour deux tonneaux de vin du prix de 50 sous (4).

On ne doit donc pas être surpris de rencontrer, sur le territoire même d'Alençon, la *Fuye des Vignes*, sur l'ancien chemin d'Alençon à Courteilles, jadis connu sous le nom de chemin d'Echauffour.

Le témoignage que nous fournissent ces noms de lieux, est d'ailleurs, corroboré par un acte des administrateurs de l'Hôtel-Dieu d'Alençon, de l'année 1503. A cette époque, dit Odolant-Desnos, on cessa de loger et de nourrir les chapelains et on substitua à cette charge de l'argent, du blé, du bois, des gélines, des chapons et des vignes. D'où l'on peut conclure qu'à cette époque les vignes tenaient une place parmi les possession de l'Hôtel-Dieu d'Alençon (5).

Vingt-Hanaps ne paraît tirer son nom ni du vin, ni du nom du vase qui servait à le servir (hanap). La forme la plus ancienne que l'on connaisse est *Vinhennas*, donnée par une charte du xi° siècle, contenue dans le *Livre Blanc* de Saint-Martin de

(1) *Cartulaire de Perseigne,* p. 117.

(2) Ibid, p. 3.

(3) *Archives de l'Orne.* H. 5198. Fonds de la Portion Marmite des pauvres d'Alençon.

(4) *Ibid,* p. 112.

(5) Odolant-Desnos, *Mém. hist. sur Alençon,* t, I, p. 78.

Sées. Il n'en est pas moins vrai qu'on trouve à Vingt-Hanaps, dans la ferme du Petit-Roger, un vieux plant de vigne soutenu par une haie, qui donne d'excellent raisin.

Sur les rives de la forêt d'Ecouves, nous retrouvons encore les *Vignes*, et le *Vignage*, à Saint-Nicolas-des-Bois ; et enfin sur l'autre versant du même massif, à la Ferrière-Béchet, canton de Sées, le hameau des *Vignes*.

V

Nous constatons également l'existence de vignes autour d'Argentan au xiiie siècle.

En 1245, Henri, fils de Jean Clément, maréchal de France, seigneur d'Argentan, donna à l'abbaye de Silli une pièce de terre sise devant le moulin de Sai et un pré sur la rivière dUre, au dessous du champ de la *Vigne* (1).

En 1309, le mercredi avant la saint Luc, Jean de Montmorency, seigneur d'Argentan, donna aux Frères Prêcheurs de cette ville une pièce de vigne sise entre les fossés de leur enclos et le courtil de Saint-Thomas. Jean de Montmorency ajoute que les religieux seront chargés des rentes et redevances dus aux anciens propriétaires : « Avant que mon seigneur mon père acquert les terres ou les dites vignes furent plantées et retiens et arrête pour moy, pour mon père et pour ceus qui auront cause de moy sur toute la devant dite pièce de vigne et terre sur quoy les dites vignes sont assises, toute justice, haute et basse. » Il semble résulter des termes employés dans cette charte que les vignes en question avaient été plantées par Mathieu de Montmorency, père deJean de Montmorency, auquel Philippe-le-Bel donna la seigneurie d'Argentan en 1293 (2).

C'est évidemment par erreur que cette charte est datée de l'année 1409, dans les *Preuves de l'histoire de la Maison de Montmorency*, p. 137, citées par M. Léopold Delisle dans ses

<hr>

(1) *Inventaire des Arch. de l'Orne*, t. I, H. 1.232.

(2) *Archives de l'Orne* H. 3219. Inventaire de le série H. t. 11. p. 230, col. 2.

Une pièce de terre sise près des fossés de la porte as Teliers, vendue le 27 décembre 1312, par Herbert de Bras-de-Fer, duc d'Argentan, à l'Hôtel-de-Dieu, aboutissait au *Champs-de-Vignes*. (Archive de l'Hôtel-de-Dieu d'Argentan. Copie aux Archives de l'Orne).

Etudes sur la condition de la classe agricole sur l'état de l'agriculture en Normandie au moyen-âge, p. 733.

Le canton d'Ecouché n'était pas moins favorisé.

Une charte antérieure à la conquête de la Normandie, par Philippe-Auguste, nous apprend qu'Hadevise, dame de l'Isle et Robert de Juvigni, son fils, donnèrent à l'abbaye de Troarn, le droit de présentation et la dîme de Fontenai-sur-Orne, ainsi qu'une somme de vin que le curé était tenu de leur offrir annuellement en qualité de patron, à l'époque des vendanges.

Cette donation fut reçue et confirmée par Lisiard, évêque de Séez, mort en 1201 ou en 1202 (1).

Dans le même canton nous trouvons, à peu de distance l'un de l'autre, le hameau de la Vigne, commune de Batilli, renommée pour son cidre, et Vigneral, commune de Sevrai. Mais nous nous refusons, jusqu'à plus ample informé, à reconnaître la trace de cette culture dans *Sévigni*, quelquefois écrit *Sepvigny*. La famille Guyon des Diguères, depuis longtemps fixée dans cette commune, porte, il est vrai, dans ses armes, un « cep de vigne ». Mais Sévigny est une forme moderne. Cette localité à longtemps auparavant porté le nom de *Saviniacus*. Il ne semble donc pas que les ceps de vigne aient rien à voir dans son origine, quoique sur son territoire existe dans les champs un très vieux pied de vigne, près de la Tuilerie.

Par la même raison nous ne pouvons accepter comme un témoignage en faveur du « jus de la vigne » les noms de Juvigni-sur-Orne et de Juvigny-sous-Andaine, comme l'a fait Louis Dubois

A l'autre extrémité de l'arrondissement d'Argentan, sur les côteaux voisins de la Dive et de la Vie, la culture de la vigne était également prospère au moyen-âge. C'est ce qu'à établi sur des preuves péremptoires M. Léopold Delisle dans son livre sur l'agriculture normande qu'il nous faut toujours citer. C'est par lui que nous avons appris qu'au commencement du XIIIe siècle Hugues de Guerquesalles *(de Gargasala)* donna à l'abbaye de Saint-André-de-Gouffern son vignoble de Guerquesalles, par une charte munie du sceau de Nicolas de Malevoüe. Le même

____

(1) Alfred de Caix, *Notice snr la Chambrerie de l'abbaye*. Publié dans les *Mémoires de la Société des Antiquaires de Normandie*, 2ᵉ série, t. II p. 330, 383, 384.

seigneur, du consentement de Geoffroi, son fils, donna à cette abbaye, par une autre charte, tout le plant de vignes qui s'étendait au-dessus du bois de Guerquesalles, jusqu'à la terre de Geslin le Forestier (1).

Notre confrère M. l'abbé Letacq, nous apprend que sur les confins de cette commune, à Ticheville, il a trouvé dans une haie un ancien pied de vigne encore vigoureux.

VI

Il est à peine besoin de dire que, dans tout l'arrondissement de Domfront, on ne relève pas un seul nom de lieu rappelant la culture de la vigne. Or cette région, composée de terrains siluriens de grès et de schistes, est réputée, avec raison comme 'a plus froide et la plus humide du département de l'Orne, quoique en raison de son voisinage de l'Océan on puisse y cultiver en pleine terre des plantes telles que le Camélia, qui ne résiste pas à une température rigoureuse.

Nous nous en référons, d'ailleurs, sur ce point, aux observations consignées par M. l'abbé Letacq, dans son travail sur la *Géographie botanique du département de l'Orne*.

Mais quelque fût le nombre des vignes cultivées, sur notre territoire, il nous est impossible de nous faire illusion sur la qualité des vins qu'on en récoltait.

Plus d'un moine, croyons-nous, dut faire des réflexions analogues à celles de Guillaume de Lisieux en comparant les maigres produits de ses vignes avec ceux de l'Anjou ou de la Bourgogne. Témoin cette vision de Bernard, troisième prieur de Saint-Denis de Nogent-le-Rotrou qui, trois jours avant sa mort, aperçut en songe le bienheureux Hugues, abbé de Cluny au milieu d'une vigne couverte de fruits, qui lui dit : « Arrête-toi, mon frère, et mange avec nous de ces raisins dorés dont nous avons en abondance (2) ».

(1) *Catalogue des Archives départementales du Calvados*, t. I, p. 451 452. (Abbaye de Saint-André-de-Gouffern, n°° 402-403). *Mémoires de la Société des Antiquaires de Normandie*, 2° série, t. I. Le sceau de Hugues de Guerquesalles, appendice second de ces chartes a été reproduit par Léchaudé d'Anoty, dans l'album qui accompagne cet ouvrage (Pl. VII, n° 8).

(2) *Cartulaire de Saint-Denis, de Nogent-le-Rotrou*, CXXXVI, vers 1109.

Ce qui le prouve, c'est que nous voyons nos abbayes s'approvisionner partout, autant qu'elles le pouvaient, de vins du Bordelais, de l'Anjou et du Maine. En 1317, nous voyons, par exemple, les religieux du Mont-Saint-Michel, acheter en une seule fois, 140 tonneaux de vin de Bergerac (1) quoi qu'ls possèdassent des vignobles dans l'Avranchin.

Quant aux religieux de notre région ils paraissent avoir eu une préférence pour les vins de Beaumont et de Fresnay-sur-Sarthe. C'est ainsi qu'au XIIIᵉ siècle, les Chartreux du Val-Dieu, se firent donner par la dame de Beaumont-sur-Sarthe, sept sommes de vin à prendre sur la récolte de ce cru renommé.

Les Chartreux possédaient, en outre, quelques autres vignobles dans le pays Chartrain.

En 1210, Hudiarde de Médavy aumôna à l'abbaye de Silly, sa vigne de Fresnay, que Gaultier Le Boisne, son oncle, lui avait donnée en mariage. En 1224, Hersande du Horps, vendit aux mêmes religieux plusieurs quartiers de vignes, sur le territoire de Fontaine. Ces possesions et plusieurs autres, dont les chartes existent dans le fonds de Silly et que nous croyons inutile de mentionner en détail, furent confirmées aux religieux, en 1235, par Raoul, vicomte de Beaumont (2).

Les religieux de Saint-Evroul s'estimaient heureux de pouvoir ajouter aux maigres produits des vignes qu'ils possédaient autour de leur abbaye, ceux des crus renommés de Gaillon et de Maule (3).

Dans notre siècle cependant, des tentatives ont été faites pour acclimater la vigne dans notre région. Je rappellerai que M. Alexandre Louvel, instituteur à Larré pendant quarante-cinq ans, y a planté des vignes, soutenues par échalas. Il en récoltait tous les ans du raisin en assez grande quantité pour faire plusieurs barriques de vin qui, en vieillissant, acquérait de la qualité et pouvait rivaliser avec les produits des crus ordinaires. Cette vigne existe encore.

Tout le monde connaît les résultats remarquables obtenus par M. Victor Caplat, au moyen des vignes du Japon, et l'on a pu

(1) Léopold Delisle, *Etudes*, etc., p. 451.
(2) *Inventaire des Archives départementales de l'Orne*. Archives ecclésiastiques, t. I, p. 273 et 299, art. 1417, 1562, 1568 et 1569.
(3) Orderic Vital, *Hist. eccl.*, t. II, p. 454, 456, 463, IV, 67.

remarquer, cette année, à l'Exposition universelle, les magnifiques pampres qui a cultivés à Damigni, et qui proviennent de semis de vignes japonaises, réfractaires au phylloxera et déjà utilisés par un grand nombre de vignerons, comme portegreffes, avec un succès complet.

Nou avons donc le droit, même encore aujourd'hui, de nous inscrire en faux contre l'anathème lancé, au XIIᵉ siècle, contre notre pays, par l'abbé de Bourgueil :

Non est Bacchica tellus.

9 782019 216740